FROM A BIRD'S CAGE
TO A THIN BRANCH

FROM A BIRD'S CAGE TO A THIN BRANCH

The Selected Poems of Yosef Kerler

Translated by Maia Evrona

From a Bird's Cage to a Thin Branch
The Selected Poems of Yosef Kerler
Translated by Maia Evrona

This book was translated thanks to the generous permission of the writer's son, Dov-Ber Kerler.

White Goat Press, the Yiddish Book Center's imprint
Yiddish Book Center
Amherst, MA 01002
whitegoatpress.org

Printed in the United States of America at The Studley Press, Dalton, MA
10 9 8 7 6 5 4 3 2 1

Paperback ISBN 979-8-9852069-3-7

Library of Congress Control Number: 2022920738

Book and cover design by Michael Grinley
Yiddish typography design by Yankl Salant
Translation editing by Yankl Salant

This translation was produced with the support of a Yiddish Book Center Translation Fellowship

---

Individual poems from this collection were previously published in the following journals:

"Epitaph"
Columbia Journal Online, June 2021

"I Sit Myself Down at the Blank Sheet..." and "Parting"
In Geveb; A Journal of Yiddish Studies, Fall 2020

"Northern Lights"
Paper Brigade, 2020

"Gentleness," "Profanity," "From Silence...," "I Seek No Great Joys...,"
"There Is, There Is a Certain Kind of Smile..."
The Offing, Summer 2020

"Midnight," "The Saucer in the Sky," "When My Love Goes to Sleep...,"
"Come to My Dream," "Polished in Blood and Flame...," "Spring 1956,"
"Emerging...," "From Afar," "August 12th 1952," "On the Third Day a Bit of Bread...,"
Lunch Ticket, Issue 17, June 2020

"If I Were in Alabama...,"
Pakn Treger; Coming to America, 2020 Online Translation Issue

"Old-Fashioned..." and "The Sea"
In Geveb, February 2016

*Made possible in part with support from
the Hersch Yidl Bursztyn Fund for the
Publication of Side-by-Side English Translations of
Yiddish Literature at the Yiddish Book Center.*

Table of Contents

Introduction

My father's generation, which grew up in the Soviet Union in the twentieth century, experienced hardship. Pogroms, wars, famine, expulsions, purges, imprisonment, and betrayal. It is all the more remarkable that my father not only survived those hardships but channeled his pain into poetry. I actually believe that poetry was part of his essence, and had he lived a less traumatic life, he still would have been an inspirational poet. Sometimes beautiful, sometimes angry, sometimes cynical—his words rang true to his experiences. This selection of my father's poetry sheds light on a whole generation of Soviet-Jewish men and women whose voices we can no longer hear.

Barely a toddler, toward the end of the Russian Civil War (also known as the first Russian war against Ukraine), he was passed over the fence of his father's vineyard to be hidden away from the riotous mob of a pogrom. At the age of seven his family went through "collectivization"; namely, they were forced to uproot from their native town of Haysyn, in south central Ukraine, to build a Jewish collective farm in an arid region of the Crimean Peninsula.

Soon after the outbreak of the Second World War in the Soviet Union, my father enlisted in the Red Army. Two years later on February 23, 1943, his unit was under attack and his commanding officer was killed. He took command, singlehandedly neutralized an enemy bunker, and saved his unit. He was severely wounded and received the equivalent of the Purple Heart for his bravery.

Seven years later my father was thrown into a Soviet prison camp and sentenced to ten years hard labor in the coal mines of Vorkuta. It did not take him long to realize that the Soviet regime was cruel and murderous. He began studying Hebrew and closely associating with fellow Zionist prisoners with the hopes of one day moving to the Jewish homeland. In March 1953, Stalin finally died, and by 1955 my father was amnestied, five years ahead of his full sentence, along with hundreds of thousands of other political prisoners.

There was a small window of opportunity to leave the Soviet Union via Poland to anyone who had Polish citizenship. Difficult as the situation with Yiddish was in the new Hebrew state, the very future of meaningful creativity in Yiddish seemed even more uncertain and fraught in the land of the Soviets. My mother had Polish citizenship so the plan was to leave for Israel via Poland. The plan failed, and from the late 1950s until the mid-1960s, my father and mother moved to Moscow and he began publishing his Yiddish poetry in Russian translation.

Despite various well-intended suggestions to write in Russian, my father stubbornly declined. At the same time he was happy to work with some of the best Russian poets and translators who labored under his authorial gaze as he supervised the translations of his poems, some of which were written during his time spent in the Gulag and included in his first poetry collection in Russian translation published in 1957 entitled *My Father's Vineyard*. While they were presented as a cycle of "Songs from the [Nazi] ghetto," most, if not all, his readers well understood that the poems were about Stalinist repression and persecution rather than Nazi atrocities.

His second Russian collection, *I wish I were kind*, appearing a decade later, was not as lucky. A number of the poems were deemed unkosher and censored and could not be included in the book. My father quickly understood that certain poems would never pass the censorship committee, so he never even submitted those works for translation.

As a child I witnessed my father's last decade in Russia, which was, to say the least, a stormy period.

According to some memoirs, he already began writing poetry in the Jewish kolkhoz Mayfeld in Crimea sometime in the late 1920s. In 1934 he followed his older brother to Odessa to continue his education, where a year later, at age 17, his first published poem appeared in the citys Yiddish newspaper, *Odeser Arbeter*. There, in Odessa, he and a few other likeminded peers met Yirme Druker (1906–1982), an inspiring mentor in literature, folklore, cultural history, and above all in creative writing. Known as an exquisite stylist, writer, and literary scholar, Druker published in 1961 an emotive and at the same time informative essay about "The Youngest One—Yosef Kerler," which appeared on my father's 43rd birthday in the Polish Yiddish newspaper *Folksshtime*. It is perhaps then that he penned the verses: "The youngest am I / Woe is to my youth!" (see poem 25 in this collection).

Of course, my father wasn't the only "youngest one," as there were even younger members of his cohort of writers born after the 1917 Revolution, one of them being my father's nemesis, a poet who began right at the time of Druker's article, in 1961, editing the post-Stalin Soviet literary monthly *Sovetish Heymland*. In his essay, Druker made biblical allusions to the *bkhor* and *mezinik*—referring to earlier generations who, while they might be respected and honored, it was the *mezinik*, the youngest son, who is loved and cherished. Druker claimed that none other than the great actor Shloyme Michoels himself (another of my father's revered teachers) blessed him with the same blessing as Jacob blessed his beloved *mezinik* Joseph, claiming that he is full with *kheyn* (*bakheynt;* "wrapped in charm") and that his essence is poetry itself.

In 1937, after grueling examinations and auditions, my father was accepted to the much coveted Yiddish Actors Studio at the world renowned Moscow State Yiddish Theater of Aleksei Granovsky, Shloyme Mikhoels, and Benyomin Zuskin fame. After their graduation in 1940, his class was supposed to move to the recently "liberated" but in fact annexed Latvia to create the Riga State Soviet Yiddish Theater. By then he had amassed a nearly finished, soon-to-be-published collection of poems. None of that happened. The prewar Soviet Latvia period was short-lived, and my father's early peacetime poems became out of place after Germany's invasion of the Soviet Union on June 22, 1941.

My father enlisted, fought, and was wounded three times. While still recovering from his final wound, in the lower jaw, he returned to Moscow where his first book, dedicated to war and battlefront poetry, *Far may erd* (*For my Land*), appeared in 1944.

The second period of his poetry, 1950–1965, consists of numerous poems of protest, as well as lyrical and short philosophical poems. These, in the context of the Gulag, and even later, were in effect a brave act of creative spiritual resistance. Barely three years after his release my father managed to publish some of the protest poems in Russian translation. He also often traveled to the most Yiddish-speaking cities in the postwar Soviet Union—Czernowitz (Chernivtsi) and Kishenev (ChiĐinĐu) in the southwest and Vilna (Vilnius), Kovne (Kaunas), and Riga in the north, giving public readings inside kitchens, guestrooms, and enclosed backyards.

The third period begins in 1965 when we applied to the Soviet authorities for permission to leave for Israel. The permission was granted but soon thereafter out-of-the-blue and unequivocally rescinded. As far as I know, this was an unprecedented case even in the Soviet Union. It launched a period of an unshaken, open, and very public struggle that both my parents conducted against the Soviet authorities.

That same year, my father stopped publishing in the only Soviet monthly magazine but continued to send his work—both his older Gulag poetry as well as his newest poems of protest, bidding farewell to his "Cradleland"—to the Yiddish press in the US and Israel. Despite my father's pleadings, the editors of the New York *Yiddish Forward* and the Tel Aviv *Di Goldene Keyt* did not publish any of his poetry for a number of years; they were simply terrified for our safety. By the time they acquiesced we were granted permission to leave after almost six years of a ceaseless struggle to move to Israel.

There is a Russian folk perception of the different types of obstacles, hindrances, and odds through which a hero must pass in order to stay true to oneself. It states that to be successful one should "pass through fire, water, and brass pipes." It is not too difficult to imagine what the first two represent, as my father passed more than once through fire and water in his beloved but unwelcoming "Cradleland." The brass pipe test is less obvious and perhaps the harshest. In Israel, America, and Europe my father was greeted as a poet hero who with his stubborn and courageous struggle broke through the Iron Curtain making it to freedom. He helped open the door to the first post–Six Day War *Aliya* of Soviet Jews, in particular to some fifteen other Soviet Yiddish literati who followed him to Israel in the 1970s.

No hero's welcome can last long, and often it brings surprisingly small dividends, if any. And yet coming to Jerusalem at the age of 53 my father burst into creativity—writing, editing, publishing—as well as organizing the Jerusalem Group of Yiddish Writers (*di yerushalmer shrayber-grupe*) that was quite active until the mid-1980s, and whose annual *Yerusholaymer Almanakh* (despite the lack of financial support) continued to appear until his death in December 2000. He was pivotal in commemorating and creating a memorial to his teachers and older friends and colleagues who perished in Stalin's Gulag, or were simply executed on August 12, 1952.

One observer claimed that in his Israeli period, spanning three decades, my father created his most refined poetry. However, as early as 1961 Yirme Druker wrote in his earlier mentioned essay:

"Yovsef is the son who is radiantly charming. One sees it the moment one lays eyes on him. And he is so full of charm because he is a poet with every bone in his body, because he is the essence of poetry and everything inside him sings! The song that is inside him is one of wholeness undivided between word and deed, between poetry and truth."

In every period of his long poetic journey my father would always start each poem by searching out the most adequate form to turn concrete reality and specific sentiment into a true poem. It was the great Yiddish poet Shmuel Halkin (1896–1960) who noticed in 1958 that his younger colleague is "an outstanding poet who is blessed with the talent to start anew with every new poem."

My father was not a narcissist, which made him quite philosophical about his own poetry's posthumous fate. One can only imagine how amused and pleasantly surprised he would be to discover that twenty years after his death, in a distant land, a committed and talented poet would put so much effort and labor into selecting and translating an exquisite collection of his poems representing all the major stages of his enduring and constantly evolving poetry.

The task of translating into English poetic idiom a formally structured poem with all its rhyme and meter trappings is arduous and sometimes downright frustrating. Yet Maia Evrona achieved the nearly impossible: she found a way to make my father's poetry accessible to the contemporary English poetry reader. Maia Evrona deserves every praise and great gratitude for her adroit and inspired work.

Dov-Ber
Jerusalem, July 2022

Short Lines in Snow

WWII Poems 1941–1945

I Sit Myself Down at the Blank Sheet...

***

I sit myself down at the blank sheet —
snow-covered fields spread out before me

And with the first letter scribed —
the wind whistles and the frost starts to bite...

Just as the stanza comes to a close,
we crawl, pressed stiff to the ground.

To the enemy's trenches — here they are now
and someone is calling and somebody falls,
and someone stifles their very last shout — —
— — —

Lines, like trickles of blood in the snow.

זעץ איך זיך צו בײַ דעם בויגן פּאַפּיר...

זעץ איך זיך צו בײַ דעם בויגן פּאַפּיר –
שפּרייטן זיך פֿעלדער פֿאַרשנייטע פֿאַר מיר

און בײַ דעם ערשטן פֿאַרשריבענעם אות –
פֿײַפֿט שוין דער ווינט און סע שטאַרקט זיך דער פֿראָסט...

גלײַך ווי די סטראָפֿע געשלאָסן נאָר ווערט,
פּויזען מיר צוגעדריקט האַרט צו דער ערד.

דעם שׂונאס טראַנשייען – אָט זײַנען זיי באַלד
און עמעצער רופֿט שוין און עמעצער פֿאַלט,
און עמעץ פֿאַרשווײַגט שוין דאָס לעצטע געשריי – –
– – –
שורות, ווי שנירעלעך בלוט אויפֿן שניי.

Parting

··· ———————— ···

If my horse should come back alone
and with sorrow lower its head at your fence,
your cry of pain, my sister, my bride, you must repress —
do not believe that the enemy has killed me.

And if they bring you my blood-stained shirt,
you will know it — wring not your hands —
I am still alive, I stand firm on my feet and I fight,
because you are with me and with me is daylight.

But if they should show you my gun and my sword —
know that I have fallen for my earth.

July 1941

געזעגעניש

אויב איינזאַם וועט קומען מײַן פֿערד אויף צוריק
און טרויעריק נייגן זײַן קאָפּ צו דײַן פֿלויט,
דײַן ווייגעשריי, שוועסטער־מײַן־כּלה, דערשטיק –
ניט גלייב, אַז דער שׂונא האָט מיך שוין געטייט.

און וועט מען דיר ברענגען ס׳פֿאַרבלוטיקטע העמד,
דו וועסט עס דערקענען – פֿאַרברעך ניט די הענט –
איך לעב נאָך, איך שטיי אויף די פֿיס און איך שלאָג,
ווײַל דו ביסט מיט מיר און מיט מיר איז דער טאָג.

נאָר וועט מען דיר ווײַזן מײַן ביקס און מײַן שווערד –
ווייס, אַז געפֿאַלן בין איך פֿאַר מײַן ערד.

יולי 1941

My Father's Vineyard

... ——————— ...

I can no longer visit
my father in his vineyard,
I can no longer visit...

We raised it like a child
over so many hard summers!
With warm, autumnal soil
we used to tuck that vineyard in,

so no angry chills
would frighten it,

so no wind would wake
its branches from their sleep...

In spring we would stake the vines
so they would grow toward sunlight,
toward its tender charm,
so my father's smile
would gaze in delight
in the month of August, at the first grapes...

Slender girls would arrive,
soft shoulders draped in dark braids.
Nimble knives
would gleam
in their hands, in their hands, like clear streams...
And they would come back
singing
with trembling baskets...
Old men
(golden rays in silver beards)
would then, in merry melancholy,
cast a glance
at them, at youthful years,
long flown away...

— — —

מײַן טאַטנס ווײַנגאָרטן

איך קאָן שוין מער ניט קומען
צו מײַן טאַטן אינעם ווײַנגאָרטן,
איך קאָן שוין מער ניט קומען...

מיר האָבן ווי אַ קינד געכאָוועט אים.
אַזוי פֿיל שווערע זומערס!
מיט ערד מיט האַרבסטיקער, מיט וואַרעמער,
פֿלעגן מיר דעם ווײַנגאָרטן פֿאַרדעקן,

אַז קיין בייזע פֿרעסטלער,
זאָלן אים ניט שרעקן,

אַז קיין ווינט זאָל זײַנע צווײַגן
פֿונעם שלאָף ניט וועקן...

פֿרילינג פֿלעגן מיר אים שטענגלער שטעלן,
צו דער זון זאָל ער זיך ציִען,
צו איר צאַרטן צויבער,
אַז דער שמייכל פֿון מײַן פֿאָטער
זאָל זיך שפּיגלען העלער
אינעם חודש אויגוסט, אין די ערשטע טרויבן...

קומען פֿלעגן כלה־מיידלער שלאַנקע
מיט שוואַרצע צעפּ אַריבער שטילע אַקסלען.
אין הענט אין זייערע, ווי טײַכלער קלאָרע,
פֿלעגן בלאַנקען
פֿלינקע מעסערס...
און מיט פֿולע צאַפּלענדיקע קערב
פֿלעגן זיי זיך זינגענדיקע
אומקערן צוריק...
זקנים
(גאָלדענע שטראַלן אויף זילבערנע בערד)
פֿלעגן דעמאָלט פֿריילער־טרויערדיק
אַ וואָרף געבן אַ בליק
אַהין צו יאָרן פֿון דער יוגנט,
העט פֿאַרפֿלויגענע...
– – –

And if I were to visit
my father in his vineyard now,
and if I were to visit now
what then would I find there,
apart from ash and gloom...
Only the Jewish girls
who used to pick those grapes —
raped before slaughter came,
young brides and wives...
Only the groaning bones,
that have remained
of the merry old men,
of the toiling Jews?
My father's vineyard
vanished with the smoke,
my father's vineyard
vanished with the smoke...
The Germans
cut it all down to the root
with a fiery ax!
And my father wanders through
his little bit of old age
gripped with pain:
— Surrender — he says —
the shirt off your back,
off your back —
surrender your flesh, surrender your last,
but strangle the airway
of the final enemy
with our vineyard's ash.

און אַז איך וועל שוין קומען
צו מײַן טאַטן אינעם ווײַנגאָרטן,
און אַז איך וועל שוין קומען,
וואָס זשע וועל איך טרעפֿן דאָרטן,
אויסער אַש און אומעט?...
סײַדן די ייִדישע טעכטער,
וואָס פֿלעגן די ווײַנטרויבן קלײַבן, –
געשענדעטע פֿאַרן שעכטן
כּלה־מיידלעך און ווײַבער...
סײַדן די קרעכצנדיקע ביינער,
וועלכע זײַנען פֿאַרבליבן
פֿון די פֿריילעכע זקנים,
פֿון די האָרעפּאַשנע ייִדן?
אַוועק איז ער מיטן רויך,
מײַן טאַטנס ווײַנגאָרטן,
מיטן רויך אַוועק...
ביזן וואָרצל אויסגעהאַקט
האָט אים דער דײַטש
מיט פֿײַערדיקע העק!
און מײַן פֿאָטער וואַנדערט אויס
דאָס ביסל עלטער
ווייטיקדיק־פֿאַרקלעמט:
– גיט אָפּ, – זאָגט ער, –
פֿון לײַב דאָס לעצטע העמד,
פֿון לײַב –
די זיבעטע, די לעצטע הויט גיב אָפּ,
נאָר מיטן אַש פֿון אונדזער ווײַנגאָרטן
דעם גאָרגל פֿונעם לעצטן פֿײַנט
פֿאַרשטאָפּ!

Because I Missed You

... ——————————— ...

1

So many friends, and I feel alone.
Coming today from the bonfire...
Between our tender devotion, Emma,
heavy distances are scattered!

The roads are wound in angry smoke.
Between us — so much death and ruin.
Whom then, sweet fool, could you ask,
when, devil tell, will he come back?

And I will not deny, I only know,
that your footprints drive me into the fire.
Seven cold drops of sweat, and pain and woe
bear witness to how much I hold you close.

2

Who could forget the way the branch
rustled in that hour that split away long ago?
Behind silent, finely carved locks
there waits the full joy of rainbows...

Wait a while, how might it happen?
Now, thinking back, I sense that once more
the rustle of every branch will echo: *Open!*
when I come knocking at your door...

From out of the silence, I will fall
dazed before your longed-for threshold,
saved from scattering into dust, from obliteration,
only because I missed you, only for that reason.

1942

ווײַל דו האָסט מיר געפֿעלט

1

אַזוי פֿיל פֿרײַנד, און איך בין עלנט.
אָפּגעגאַנגען הײַנט פֿון שטײַער...
צווישן אונדזער צאַרטער טרײַהייט, עמע,
ליגן אָנגעוואָרפֿן שווערע ווײַטן!

ס'וויקלען זיך אין בייזן רויך די וועגן.
צווישן אונדז – אַזוי פֿיל טויט און אומגליק.
וועמען קאָנסטו, נאַרעלע, דען פֿרעגן,
ווען וועט ער, צו אַל די רוחות, קומען?

און איך וועל ניט לייקענען, איך ווייס נאָר,
דײַנע שפּרון טרײַבן מיך אין פֿײַער.
ווינד־און־ווײ און זיבן קאַלטע שווייסן
זײַנען עדות, ווי דו ביסט מיר טײַער.

2

קאָן דען ווער אַ צווײַגנשאָרך פֿאַרגעסן
פֿון דער שעה, וואָס האָט אויף לאַנג צעשיידט?
הינטער שווײַגנדיקע פֿײַן־געשניצטע שלעסער
וואַרטן פֿולע רעגן־בויגנס פֿרייד...

וואַרט אַ ווײַלע, ווי זשע וועט עס טרעפֿן,
לאָמיר זיך דערמאָנען, ווי איך שפּיר:
יעדער צווײַגנשאָרך וועט נאָכזאָגן מיר: עפֿן!
ווען איך וועל אַ קלאַפּ טאָן אין דײַן טיר...

פֿון דער שטילקייט עטוואָס אַ פֿאַרטויבטער
וועל איך פֿאַלן פֿאַר דײַן אויסגעבענקטער שוועל –
אויסגעהיט פֿון אומקום און צעשטויבונג
נאָר דערפֿאַר, ווײַל דו האָסט מיר געפֿעלט.

1942

Our House Was...

Our house was in the very middle of the great plain
all sparkling windows at break of day.
Now a wind weeps at its ruined stairs:
Our house's ash lies buried in my mother's hair.

My mother lives, and she remembers:
Our big and joyful table
was packed
with warm eyes and broad shoulders;
Now the great flood of blood
has carried us away from our home.

Our great house of ash...
Where are they, its sons and daughters,
their husbands and their wives?
Arise from the gaping grave,
you, mute congregation of witnesses!
Look, from the red hollows of my mother's eyes
her sons' restless blood beckons.
We circulate
in acrid smoke, in burning dust,
and her loyal sorrow carries us.

Not all of us, not all of us have been cut down!
And our soothing mother lives,
so long as all her living limbs
rain down blows on the killers' skulls!

געוועזן איז אונדזער שטוב ...

געוועזן איז אונדזער שטוב אין סאַמע מיטן סטעפּ,
מיט אַלע פֿינקלענדיקע פֿענצטער צום קאַיאָר.
איצט וויינט אַווינט בײַ די צעהאַקטע טרעפּ:
דאָס אַש פֿון אונדזער שטוב ליגט אויף מײַן מאַמעס האָר...

מײַן מאַמע לעבט, און זי געדענקט:
בײַ אונדזער פֿריילעכן און גרויסן טיש
געוועזן איז ענג
פֿון אויגן וואַרעמע און ברייטע פּלייצעס;
איצט האָט פֿאַרטראָגן אונדז פֿון אונדזער היים
די גרויסע בלוט־פֿאַרפֿלייצונג.

אונדזער גרויסע, די צעאַשטע שטוב...
וווּ זײַנען זיי, די זין און טעכטער,
שניר און איידעמס?
קום אַרויס פֿון דער צעשפּאַרטער גרוב,
דו, שווײַגנדיקע עדה עדות!
קוק, ווי פֿון דער מוטערס רויטע אויגן־ווינקלעך ווינקט
דאָס ניט־באַרוטע בלוט פֿון אירע זין.
מיר טראָגן זיך אַרום
אין שטויבן פֿלאַמיקע, אין עסעדיקן רויך,
און איר געטרײַער טרויער אונדז באַהויכט.

ניט אַלע אונדז, ניט אַלע אונדז פֿאַרשניטן!
און אונדזער טרייסטנדיקע מוטער לעבט,
ווײַל אַלע לעבעדיקע אירע גלידער
פּלעטן, שפּאַלטן איצט די רוצחימס קעפּ!

Poems of Haysin

To the Builder

How joyfully young trees have grown
over dust and ash of bones,
and if to planting trees you lent your hand,
would anyone understand that you were one of them?

Your sweat is mixed into each new building's bricks,
and young children play in new town squares,
but where will you find a gentle word
to soothe your fiery pain?

People will efface and forget all the same,
they will deny your flesh and blood
the knife in the heart —
is all that will remember you
and the first stone will not pass you by.

Haysin, Ukraine, 1948

צום בויער

ווי ליכטיק האָבן ביימלעך זיך צעוואַקסן
איבער צעאַשטע און צעשטויבטע ביינער
און אַז בײַם פֿלאַנצן האָסטו צוגעלייגט אַן אַקסל
וועט עמיצער פֿאַרשטיין, אַז דו ביסט איינער?

דײַן שווייס פֿאַרקנאָטן איז אין יעדן פֿרישן בנין
און קינדערלעך אויף נײַע סקווערן שפּילן,
נאָר וווּ וועסטו אַ וואָרט אַ שטילס געפֿינען
כּדי די הייסע ווּנדן דײַנע קילן?

אַלצאיינס וועט מען פֿאַרווישן און פֿאַרגעסן,
דײַן בלוט און לײַב פֿאַרלייקענען זיי וועלן
געדענקען וועט דיך נאָר –
אין פּאַזוכע דאָס מעסער
און ס׳וועט דער ערשטער שטיין דיך ניט פֿאַרפֿעלן.

הײַסין, 1948

A Lovely Forest Once Did Grow...

A lovely forest once did grow
a lovely forest,
the wicked ax laid it low,
laid it low...
And the nightingale flitters to and fro,
to and fro...
Its song rings with pain and woe,
pain and woe,
it splits the sky with every trill,
every trill:
Where did my forest go
Where did my forest go
Where did my forest go...

Haysin, 1949

34

אַ שיינער וואַלד געוואַקסן איז...

אַ שיינער וואַלד געוואַקסן איז,
אַ שיינער וואַלד,
האָט אים די בייזע האַק פֿאַרוויסט,
האָט אים פֿאַרוויסט...
און ס'פֿליט אַרום דער סאָלאָוויי,
דער סאָלאָוויי...
זײַן סאָלאָ קלינגט מיט ווינד־און־וויי,
מיט ווינד־און־וויי,
זײַן יעדער טריל דעם הימל שפּאַלט,
דעם הימל שפּאַלט:
ווּ איז מײַן וואַלד
ווּ איז מײַן וואַלד
ווּ איז מײַן וואַלד...

הײַסין, 1949

Singing Through Clenched Teeth

Poems written in the Vorkuta Gulag, as well as around the time
of Kerler's arrest in 1949 and around the time of his release in 1956

Midnight

Like frightened birds
after a hunter's shot —
My dreams scatter in flight
when I open wide my eyes...

My reveries, return to me,
I beg of you, I plead,
I command you!
But the empty distance echoes:
Who, who...

The night —
with whom you are all alone
which cannot hear,
do you trust it?
Clearly whatever may come of you
is all the same to it;
Today that is the striking
of desperate fists
in its thicket:
"Why?" "Why?"

1949

מיטן־נאַכט

ווי נאָך אַ יעגערשאָס –
איבערגעשראָקענע פֿייגל,
צעפֿלי‏ִען זיך מײַנע חלומות,
ווען כ׳טו אַ צעשפּאַר די אויגן...

– טרוימען מײַנע, קערט זיך אום,
איך בעט, איך מאָן,
איך הייס אײַך!
נאָר ס׳ווידערקולט די פּוסטע ווײַט:
ווייסעך, ווייסעך...

איר, – דער נאַכט,
מיט וועלכער דו בלײַבסט איבער
איינער אַליין,
איר, – דער טויבער, צי טרויסטו?
איר איז דאָך אַלץ איינס,
וואָס עס זאָל מיט דיר ניט געשען;
הײַנט וואָס איז דאָס קלאַפּן
מיט פֿאַרצווייפֿלטע פֿויסטן
אין איר געדיכטעניש:
– פֿאַר וואָס? פֿאַר ווען?

1949

I Am the Youngest...

...———...

I am the youngest,
woe is my youth!
There will no longer be any younger than I!
I have inherited full pitchers
of poisoned wine.

I am the youngest
and the last,
now I, alone, alone,
must smash
all the pretty idols
into pieces
          of weeping stone.

דער ייִנגסטער בין איך...

דער ייִנגסטער בין איך,
ווי מײַן יוגנט!
ס'וועט שוין קיין ייִנגערס מער ניט זײַן!
געירשנט האָב איך פֿולע קרוגן
מיט אָפּעגסמטן ווײַן.

דער ייִנגסטער בין איך
און דער לעצטער,
באַדאַרף איך איצט
אַליין, אַליין
צעברעכן אַלע שיינע געצן
אויף שטיקלעך
ווײנענדיקן שטיין.

Samson

I carry in my heart the memory
like a pointed, sharpened stone.
How can I forgive my enemies,
when I cannot forgive myself alone?

My God, my blazing enmity,
forgive me no drop of sin,
but give me strength to serve you,
like blind and foresighted Samson.

The columns tremble, darkness will fall
heavy upon my bare skull
and your dawn over my ashy hill
will radiate. And be done and go!

And no one will still recall
my fallible, tormented bones.
How can I forgive my enemies,
when I cannot forgive myself alone!

שימשון

איך טראָג אין האַרצן די דערמאָנונג
ווי אַ פֿאַרשפּיצטן, שאַרפֿע שטיין,
ווי קאָן איך מוחל זײַן די שׂונאים,
ווען כ׳בין ניט מוחל זיך אַליין?

מײַן גאָט, מײַן שׂרפֿענדיקע שׂינאה,
פֿאַרגיב מיר ניט קיין טראָפּן זינד,
נאָר גיב מיר קראַפֿט איך זאָל דיר דינען
ווי שימשון ווײַטזיכטיק און בלינד,

די זײַלן שאָקלען, שווער זאָל פֿאַלן
דער חושך אויף מײַן הוילן קאָפּ
און דײַן פֿרימאָרגן זאָל באַשטראַלן
מײַן בערגל אַש. און אויס און אָפּ!

און מער זאָל קיינער ניט דערמאָנען
מײַן זינדיק אויסגעפּלאָגט געביין.
ווי קאָן איך מוחל זײַן די שׂונאים,
ווען כ׳בין ניט מוחל זיך אַליין!

On the
Other Side
of the Wall

The unthinking animal in a cage,
cracks its teeth on iron bars —
Such is its will to run
back to the forest.
It flings itself
from corner to corner,
it howls and it roars
and its mouth flames like a fire —
such is its will for freedom...

And my neighbor on the other side of the wall
apparently also never tires;
over years of monotonous days —
I hear his steps
in the cell —
those four meters
have led him far, very far.
But he doesn't crack his teeth — on the bars
and no, he doesn't smash at the locks!
A human being paces back and forth and is quiet —
animals have locked him in a cage.

פֿון יענער זײַט וואַנט

די נאַרישע חיה פֿון שטײַג,
ברעכט אויף אײַזערנע פּרענטעס די ציין, –
אַזוי וויל זי
אין וואַלד אַרײַנגיין.
פֿון ווינקל צו ווינקל
זי שלײַדערט זיך אום,
זי רעווּעט און ברומט
און סע פֿלאַקערט דאָס מויל ווי אַ פֿײַער –
אַזוי וויל זי די פֿרײַהייט...

און מײַן שכן פֿון יענער זײַט וואַנט
ווערט אויף, ווײַזט אויס, קיין מאָל ניט מיד;
יאָרן־לאַנגע נימאסע טעג –
איך הער זײַנע טריט
אין דער קאַמער – די מעטער פֿיר
האָבן ווײַט, זייער ווײַט, אים פֿאַרפֿירט,
נאָר ער ברעכט ניט אויף פּרענטעס – די ציין
און די שלעסער צעברעכט ער ניט, ניין!
אַ מענטש גייט אַרום און שווײַגט –
ס'האָבן חיות
פֿאַרשפּאַרט אים אין שטײַג.

The Railroad

...─────────...

When I, like a pious goat, was chewing on poverty,
chewing it like cud, until I had forgotten my tribe,
here people were being split into rail ties,
crumbled into pebbles, grated into sand,
and laid down as a path for the railroad — —
— — —

For the train, the same that brought me here,
delivering me to slavery here in the night.

דער
אײַזנבאַן־וועג

װען כ׳האָב װי אַ ציג װי אַ פֿרומע דעם דלות,
געקײַט, מעלה־גירהט, פֿאַרגעסן מײַן שטאַם,
האָט מען דאָ מענטשן געשפּאָלטן אויף שפּאַלטעס,
אויף שטײנדלעך געקרישלט, צעריבן אויף זאַמד
און דורכגעלײגט אַ װעג דער אײַזנבאַן – –
– – –
די באַן, װעלכע האָט מיך אַהער צו געבראַכט,
אויף קנעכטשאַפֿט געלאָזט אין דער נאַכט.

Northern
Lights

... ——————— ...

The snow here is black,
the coal — red.
And blue as a spleen is human skin.

The snow here is black from dust,
the coal red — from blood,
and the body is stunned by the rod — —

But look, all the colors are at play in the sky,
all at once they could scream: *You are not allowed to die!*

צפֿון־
שײַן

דער שניי איז דאָ שוואַרץ,
די שטיינקוילן – רויט.
און בלוי ווי אַ מילך איז די מענטשלעכע הויט.

דער שניי איז דאָ שוואַרץ פֿונעם שטויב,
די שטיינקוילן רויט – פֿון בלוט,
און דאָס לײַב איז פֿאַרבליווט [פֿאַרבליפּט?] פֿון דער רוט – –

נאָר זע, אין הימל שפּילן אַלע פֿאַרבן,
גלײַך שרײַען וואָלטן זיי: דו טאָרסט ניט שטאַרבן!

The *Al-Khet*

... ———————————— ...

May I choke on this methane gas,
if its flame should reduce me to ash —
I am no prettier than the rest!

May the blades of the combine
harvest my soaking skeleton —
I am no better than the rest!

May my grave of coals collapse,
crush me, grind me to dust —
I would praise a thousand deaths,

if only I were not tormented by the thought
that it would all be for nothing, nothing in fact!

Oh, I sinned, woe and alas,
when I committed no sin!

על־חטא

זאָל דער גאַז מעטאַן דערשטיקן,
צי זײַן פֿלאַם זאָל מיך פֿאַרברענען –
כ׳בין פֿון אַנדערע ניט שענער!

זאָלן מײַנע נאַסע ביינער
ברעקלען די קאָמבײַנען־מעסער –
כ׳בין פֿון אַנדערע ניט בעסער!

קראַבן זאָל מײַן קוילן־קבֿר,
מיך צעקוועטשן, מיך צעשטויבן –
טויזנט טויטן וואָלט איך לויבן,

ווען סע פלאָגט ניט דער פֿאַרדראָס:
ס׳איז נישטאָ, נישטאָ פֿאַר וואָס!

אוי חטאתי – וויי און ווינד מיר
וואָס איך האָב זיך ניט פֿאַרזינדיקט!

Our
Love Was
Fruitless...

... ——————————— ...

Our love was fruitless,
such did our time dictate for us.
Is that why this thirst
remains until death, like a burning wilderness?

You would have made a faithful wife,
and a pure, shining mother —
Not to be. But your youthful fire
blooms still today in my parched blood.

If I am not burned down to a crisp,
like a lump of coal lost on the tundra,
it is because you were clearly my fire
and I — the burning bush.

ס'איז פּרוכטלאָז געווען אונדזער ליבע...

ס'איז פּרוכטלאָז געווען אונדזער ליבע,
אָט אַזוי האָט די צײַט אונדז געהייסן.
צי דערפֿאַר ביזן טויט איז פֿאַרבליבן
די דאָרשט, ווי אַ מידבר אַ הייסער?

וואָלסט געווען מיר אַ ווײַב אַ געטרײַע
און אַ לויטערע ליכטיקע מוטער –
ניט באַשערט. נאָר דײַן יוגנטלעך פֿײַער
בליט ביז הײַנט אין די דאָרשטיקע בלוטן.

אויב איך בלײַב ניט קיין איבערגעבראָכענער,
ווי אַ קויל אין דער טונדרע פֿאַרלאָרן,
איז דערפֿאַר ווײַל מײַן פֿלאַם ביסט געווען דאָך
און איך – דער צעפֿלאַקערטער דאָרן.

The Saucer in the Sky

The saucer in the sky,
that moon you promised me,
show me the stone,
where you smashed it into pieces.

And the mountains, the golden mountains,
which I forgave you,
where have they escaped to,
tell me, in which streams of smoke?

I have not broken
the saucer in the sky,
I have fallen and been beaten
down to my feet and through my bones.

And the mountains, the golden mountains,
they flew off in all directions,
when I only made the slightest try
to open wide my eyes...

דאָס טעלערל פֿון הימל

– דאָס טעלערל פֿון הימל,
וואָס דו האָסט מיר פֿאַרשפּראָכן,
ווײַז מיר אָן דעם שטיין,
וווּ דו האָסט עס צעבראָכן

און די בערג די גילדענע,
וואָס כ'בין געווען דיר מוחל,
וווּ זײַנען אַנטרונען,
זאָג, מיט וועלכע רויכן?

– דאָס טעלערל פֿון הימל
האָב איך ניט צעבראָכן,
כ'בין געפֿאַלן און צעהרגעט
מײַנע פֿיס און קנאָכן,

און די בערג די גילדענע,
זיי זײַנען זיך צעפֿלויגן,
ווען כ'האָב נאָר אַ פּרווו געטאָן
צעעפֿענען די אויגן...

Come to
My Dream

... ————— ...

No greeting, no sound,
no you inside a dream...
Who then has been stationed
right at the door
of my sleep?

I'm sinking downward like death
from fatigue, from the cold,
who then has been stationed
right at the threshold
of my fantasies?

A thought from somewhere
breaks forth from its chains,
makes a flash in the silence:
Make way to your dreams,
make way to your dreams!...

But my nightly entreaty,
doesn't succeed, it would seem,
so who has stood guard
at the edge of my dreams?
The KGB.

קום
צו חלום

ניט קיין גרוס, ניט קיין קלאַנג,
ניט קיין חלום פֿון דיר...
ווער זשע האָט זיך אַוועקגעשטעלט
האַרט בײַ דער טיר
פֿון מײַן שלאָף?

כ'פֿאַל אַנידער ווי טויט
פֿון דער מידקייט, פֿון קעלט,
ווער זשע האָט זיך אַוועקגעשטעלט
האַרט בײַ דער שוועל
פֿון מײַן טרוים?

אַ מחשבֿה נאָר ווו
טוט אַ בראָך זיך פֿון קייט,
טוט אַ בליץ אין דער שטיל:
קום צו חלום צו גיין,
קום צו חלום צו גיין!...

נאָר ס'דערגייט ניט, ווײַזט אויס,
אין דער נאַכט מײַן געבעט,
ווער האָט וועכטער צעשטעלט
בײַ דעם ראַנד פֿון מײַן טרוים? –
די „גע־בע“.

When My Love Goes to Sleep...

Sleep, my dearest,
go to sleep!
I will be rolling stones up peaks,
I will be bearing chains alone —
You should be happy though,
my distant dearest,
my distant sweet...

Better that you not remember
those days and nights in ember,
when we were full of pleasure...

Sleep, my dearest,
go to sleep!
May you be cherished by your faithful lover,
may you be his only fire
as once you were for only me!

Over me — the borealis.
Under me — the earth is darkness...
Still, my heart — no need to murmur —
Sleep my dearest,
go to sleep,
my distant dearest,
my distant sweet.

וועז מײַן ליבע שלאָפֿט אײַן...

שלאָף מײַן טײַערע,
שלאָף אײַן!
באַרג אַרויף כ'וועל קײַקלען שטיינער,
קייטן וועל איך טראָגן איינער –
דו זאָלסט אָבער גליקלעך זײַן,
ווײַטע מײַנע,
ווײַטע מײַן...

ווייל וואָלט זײַן דו זאָלסט פֿאַרגעסן
יענע שטראַליקע מעת־לעתן,
ווען מיר פֿלעגן גליקלעך זײַן...

שלאָף מײַן טײַערע, שלאָף אײַן!
זאָל דיר ליבן דײַן געטרײַער,
זײַן זאָלסטו זײַן איינציק פֿײַער,
ווי דו פֿלעגסט פֿאַר מיר נאָר זײַן!

איבער מיר – די צפֿון־שײַן
אונטער מיר – די ערד איז חושך...
שטיל, מײַן האַרץ, – מע דאַרף ניט רוישן –
שלאָף מײַן טײַערע,
שלאָף אײַן,
ווײַטע מײַנע,
ווײַטע מײַן.

Polished
in Blood
and Flame...

Polished in blood and flame,
washed in tears,
God willing, you might, my sweet,
someday be clean!

The same fields mourn,
the same heavens freeze,
the same ears yearn,
the same — the uniforms.

And the eyes, too, bore
in from every side,
and the terror, too, lies in wait
any way you turn.

But times, they say, do change —
The skies are now in tatters,
the distances are different,
and different too — their measure.

And the Caucuses can no longer
help, with all those hills and crevices,
a poet find his shelter
from these ferocious police searches.

1953

אין בלוט און פֿלאַם געשײַערטע...

אין בלוט און פֿלאַם געשײַערטע,
געוואַשענע אין טרערן,
גיב גאָט, דו זאָלסט, מײַן טײַערע,
אַ מאָל כאָטש ריין שוין ווערן!

די זעלבע פֿעלדער טרויערן,
די זעלבע הימלען פֿרירן,
די זעלבע זשעדנע אויערן,
די זעלבע – די מונדירן.

און אויך די אויגן בויערן
פֿון יעדער זײַט – אַנטקעגן,
און אויך די שרעקן לויערן
אויף אַלע דײַנע וועגן.

נאָר צײַטן, זאָגט מען, בײַטן זיך –
די הימלען שוין צעשלאָסן,
שוין אַנדערע די ווײַטקייטן,
און אַנדערע – די מאָסן.

און ס׳קאָן קאַווקאַז ניט העלפֿן שוין
מיט אַלע בערג און שפּאַלטן
פֿון די אָבלאַוועס וועלפֿישע
אַ דיכטער אויסבאַהאַלטן.

1953

Spring
1956

... ———— ...

The sky and the forest
the people and the streets
are trading places
in the wavelike whirl
of the water.
And the old truth
blooms anew in me
that every little thing —
grows smooth and clear in the current.
Through pain kept secret,
and through muffled weeping,
I recite to myself
a prayer or a spell:
> No joy can be found,
> when water is still.
> Flow, water, flow
> in best of health!

פֿרילינג
1956

עס טוישן זיך
דער הימל און דער וואַלד,
די מענטשן און די גאַסן
אינעם כוואַליעכלער־געווימל
פֿונעם וואַסער.
און ס'בליט אויף ס'נײַ אין מיר
די אַלטע וואָר,
אַז יעדע קלייניקייט – אין פֿלוס
געשליפֿן ווערט און קלאָר
דורך ווײי פֿאַרשוויגענעם,
און דורך פֿאַרטויבט געוויין
אַ תּפֿילה צי אַ שפּרוך
איך זאָג צו זיך אַליין:
נישטאָ קיין פֿרייד,
ווען וואַסער שטייט.
פֿלייץ, וואַסער פֿלייץ
געזונטערהייט!

Emerging...

...———...

I am emerging to a blind evening —
Perhaps you were calling, or did it only seem?

I am departing on a rushing day —
Perhaps you caught wind of my weeping from so far away?

The cities are spinning and people are teeming
and the fiery cogs of time's wheels are turning.

The millstones are milling, the cleaver is cleaving —
Day after night and night after day!...

But let your voice at least be heard from afar,
let me feel your burdens on my back.

And stay — I will stay, this I alone know,
I am stronger than iron, I am harder than stone,

I burn up flame and freeze over frost
and as I sprout forth like the grass I split open rock.

1956

קום איך אַרויס...

קום איך אַרויס אין אַ בלינדן פֿאַרנאַכט –
צ האָסטו גערופֿן, צי ס'האָט זיך געדאַכט?

גיי איך אַרויס אין אַ רוישיקן טאָג –
צי האָסטו דערהערט פֿון דער ווײַטנס מײַן קלאָג?

סע שווינדלען די שטעט און סע ווימלען די לײַט
און ס'דרייט אירע ציינרעדער שאַרפֿע – די צײַט,

די מילשטיינער מאָלן, דאָס האַקמעסער בראָקט –
אַ טאָג נאָך אַ נאַכט און אַ נאַכט נאָך אַ טאָג!...

נאָר לאָז כאָטש דערהערן פֿון ווײַטנס – דײַן קול,
דערשפּירן מיר לאָז מיט די אַקסלען דײַן עול,

און בלײַבן – כ'וועל בלײַבן, דאָס ווייס איך אַליין,
כ'בין שטאַרקער פֿון אײַזן, כ'בין האַרטער פֿון שטיין,

כ'ברען איבער דעם פֿלאַם און פֿריר איבער דעם פֿראָסט
און – שפּראָצנדיק, פֿעלדזן איך שפּאַלט, ווי דאָס גראָז.

1956

From Afar

Let my tormented tears
fatten your fields,
let me be the stone
so you could hurl me at your foes.

Let me be the sand,
or the desert's withered thorn,
let me be the venom
of your fury's deadly curse —

Rather than this life, this wandering in a foreign land,
and with a burning tongue at my teeth,
when longing arrives like a bear and digs in its claws
and buckles my knees...

פֿון ווײַט

בעסער – וואָלט מײַן אויסגעפּלאָגט געוויין –
די פֿעלדער דײַנע פֿעטער מאַכן קאָנען,
בעסער – וואָלט איך זײַן דער שטיין,
דו זאָלסט מיך שלײַדערן אין דײַנע שׂונאים,

בעסער – וואָלט איך זײַן די זאַמד,
צי גאָר אין מידבר – דער פֿאַרדאַרטער דאָרן,
בעסער וואָלט איך זײַן דער סם,
די טויטנדיקע קללה אין דײַן צאָרן, –

איידער לעבן, איידער אומגיין אין דער פֿרעמד
און מיט דער צונג אין מויל זיך בריִען,
ווען ס'קומט די בענקשאַפֿט ווי אַ בער און קלעמט
און ברעכט די קניִעס...

August 12th 1952

On this very day,
on this very day,
we tighten our hold on
our pain and our weeping,
The pain — in our hearts,
our lament — through clenched teeth:
Bergelson, Markish, Kvitko, and Hofshteyn.

They were felled
in the middle of the night
and no one brought them any solace
before death.

And the only light
that anointed them at the end
came right at the flash
of the murderous volley...

On this very day,
on this very day,
I raise up
and I carry
my blood-spattered song
My poem — a gravestone,
My heart — a candle,
But I will not now, it would seem,
fulfill my duty —
there is nowhere to set down
candle nor stone —
Bergelson, Markish, Kvitko, and Hofshteyn.

Note: August 12, 1942, is known as the Night of the Murdered Poets, when five Yiddish writers were murdered in Lubyanka Prison, along with other Soviet Jewish intellectuals.

12טער אויגוסט 1952

אין דעם דאָזיקן טאָג,
אין דעם דאָזיקן טאָג
פֿאַרשפּאַרן מיר שטאַרקער
די פּײַן און די קלאָג,
די פּײַן – אינעם האַרצן,
די קלאָג – צווישן ציין:
בערגעלסאָן, מאַרקיש, קוויטקאָ און האָפֿשטיין.

זיי זײַנען געפֿאַלן
אין מיטן דער נאַכט
און ס'האָט קיינער קיין טרייסט
פֿאַרן טויט זיי געבראַכט...

און די איינציקע שײַן
וועלכע האָט זיי געזאַלבט
איז געווען דאַן – דער בליץ
פֿון דעם רוצחישן זאַלפּ...

אין דעם דאָזיקן טאָג,
אין דעם דאָזיקן טאָג
מײַן צעבלוטיקט געזאַנג
הייב איך אויף
און איך טראָג –
מײַן ליד – אַ מצבֿה,
מײַן האַרץ – ווי אַ ליכט,
נאָר איך וועל שוין, ווײַזט אויס,
ניט דערפֿילן מײַן פֿליכט –
ס'איז ניטאָ ווו צו שטעלן
קיין ליכט און קיין שטיין –
בערגעלסאָן, מאַרקיש, קוויטקאָ און האָפֿשטיין.

On the Third Day a Bit of Bread...

On the third day a bit of bread,
surrender the shirt off your back,
flay away your own skin,
but don't remain in a foreign land.

Every shrub will beg you: stay!
Every stone will groan.
Your childhood — with her thin wail
will tear your flesh to threads.

The local lullaby from your cradle
will turn you old and gray,
but go and do not look back
and may it be an auspicious day!

1956

דעם דריטן טאָג אַ שטיקל ברויט...

דעם דריטן טאָג אַ שטיקל ברויט,
גיב אָפּ דאָס לעצטע העמד,
שינד אָפּ פֿון זיך די לעצטע הויט,
נאָר בלײַב ניט אין דער פֿרעמד.

ס'וועט יעדעס ביימל בעטלען - בלײַב!
ס'וועט ברומען יעדער שטיין,
די קינדהייט - רײַסן שטיקער לײַב
וועט מיט איר דין געוויין,

דער היגער ניגון בײַ דײַן וויג
וועט מאַכן גרײַז און גראָ,
נאָר גיי און קוק ניט אויף צוריק
און אין אַ גוטער שעה!

1956

Dear Land
of My
Cradle...

... ———————— ...

Dear land of my cradle,
farewell,
I am leaving you,
but not like a dog driven away,
ready at a whistle
or a treat,
to spring back,
wagging its tail...

I am leaving, stone certain.
Every stride weighs forty pounds.
I tear away each step,
         tracking bits of earth
mixed with my blood.
I tear away my eyes,
I tear away my heart
and I wish you well —
goodbye!

1956

מײַן טײַער װיגלאַנד...

מײַן טײַער װיגלאַנד,
בלײַב געזונט –
איך גײ פֿון דיר אַװעק,
נאָר ניט װי קײן געיאָגטער הונט,
װאָס אױפֿן פֿײַף, צי אױף אַ לעק
איז גרײט
אַ שפּרינג טאָן אױף צוריק,
אַ דרײ טאָן מיטן עק...

איך גײ אַװעק פֿאַרעקשנט־שװער.
ס'װעגט יעדער שפּאַן אַ פּוד.
כ'רײַס אָפּ דעם טראָט
מיט שטיקער ערד
פֿאַרמישטע מיט מײַן בלוט.
כ'רײַס אָפּ דאָס אױג,
כ'רײַס אָפּ דאָס האַרץ
און װינטש –
זאָל זײַן דיר גוט!

1956

See for Yourselves!

Poems 1965–1970

Gentleness

I have been like a bomb
burdened with death,
I have bathed
in bloody sweat,
beneath my feet
the earth has been hacked away,
and see for yourselves, I am alive!

Now I am like a pomegranate —
pure juice and seed
and the time is coming
I will not restrain my ripening —
I am ready to fall,
to burst open
in the light of dawn,
when the tendency of man is strongest
to give one's heart
to gentleness.

מילדקייט

איך בין שוין ווי אַ באָמבע
מיטן טויט געווען באַלאָדן,
איך האָב זיך שוין אין שווייס
אין בלוטיקן געבאָדן,
מע האָט שוין אונטער מײַנע פֿיס
אַרויסגעהאַקט דעם באָדן,
און זעט איר דאָך, איך לעב!

אַצינד כ׳בין ווי אַ מילגרוים –
סאַמע זאַפֿט און זוימען
און ס׳קומט די צײַט
ווען איך מײַן צײַטיקייט ניט צוימען –
כ׳בין גרייט אַ פֿאַל טאָן,
זיך צעשפּאַלטן
פֿאַר דער שײַן פֿון דעם באַגינען,
ווען מענטשן וועלן זיך
פֿון גאַנצן האַרץ פֿאַרגינען
מילדקייט.

Profanity

...———...

Praised be not-so-profane profanity,
so similar to bread and to salt,
to thundering air, when it's chilly,
to silence, which arrives in distress,
to ripeness, when branches have twisted,
to anguish, which balls up in a knot in our throat,
it comes when we can no longer keep quiet
when the water has risen over our mouth...

Like the heart in ragged fists,
like the faraway lunar plain —
Profanity means no harm
it aspires to what I have a mind to say.

פראָסטקייט

אַ לויב דער ניט־פּשוטער פּראָסטקייט
געגליכן צו זאַלץ און צו ברויט,
צו הילכיקער לופֿט, ווען ס'איז פּראָסטיק,
צו שטילקייט, וואָס קומט אין אַ נויט,
צו רײַפֿקייט, ווען ס'ברעכן זיך צווײַגן,
צו פֿײַן, וואָס אין גאָרגל זיך קנוילט,
זי קומט ווען מע קאָן שוין ניט שווײַגן,
ווען ס'וואַסער איז איבערן מויל...

ווי ס'האַרץ אויף צעשלאָסענע פֿויסטן,
ווי ווײַטער לבֿנהקער סטעפּ –
די פּראָסטקייט קיין שלעכטס איז ניט אויסן
צו דעם, וואָס כ'בין אויסן – זי שטרעבט.

From Silence...

A word is born from silence
and it casts for all eternity
unexpected beams of light.
And when again the word is lost
in the silence — the distances resound
and trigger ripples
through the water,
   through the air,
      through the heart.

פֿון שטילקייט...

פֿון שטילקייט ווערט אַ וואָרט געבאָרן
אונ ס׳וואַרפֿט פֿאַר אַלע אומגעריכט
אויף אייביקייטן סנאָפּעס ליכט.
און ווען אין שטילקייט ס׳גייט פֿאַרלאָרן
צוריק דאָס וואָרט – די ווײַטן קלינגען
און ס׳קרײַזן אויפֿגערעגטע רינגען
אין וואַסער,
אין דער לופֿט,
אין האַרץ.

I Seek No Great Joys...

...⸻...

I seek no great joys, only as much
as suffices to draw breath —
I yearn for the short poem,
that casts a long shadow,
that may envelop, as if with a veil,
the sharp edge of clear reason,
of faraway places — of sour wine,
the suffering of never reaching.

קיין גרויסע גליקן זוך איך נישט...

קיין גרויסע גליקן זוך איך ניט,
נאָר וויפֿל ס׳וועט מיר קלעקן אָטעם –
כ׳וויל שטײַגן צו דעם קורצן ליד,
וואָס וואַרפֿט פֿון זיך אַ לאַנגן שאָטן,
ווי מיט אַ דעקטוך הילט עס אײַן
דעם שאַרפֿן ראַנד פֿון קלאָרן שׂכל,
פֿון ווײַטקייטן – דעם טערפּקע ווײַן,
די פּײַן פֿון קיין מאָל ניט צו גרייכן.

There Is, There Is a Certain Kind of Smile…

There is, there is a certain kind of smile,
a certain spark, a wink, a good intention —
They unlock the deepest heights,
they soften a stone on the road,
the strongest cogwheels crumble,
brushing against your gentle bones!

———

Let go, I will wipe the blood from your mouth —
you have been clenching your teeth too strong.

ס׳איז דאָ, ס׳איז דאָ אַזאַ מין שמייכל...

ס׳איז דאָ, ס׳איז דאָ אַזאַ מין שמייכל,
אַ פֿונק, אַ וווּנק, אַ גוטער מיין –
זיי שליסן אויף די טיפֿסטע הייכן,
זיי מאַכן ווייך אין וועג אַ שטיין,
די שטאַרקסטע ציינרעדער זיך קרישלען,
באַרירנדיק דײַן צאַרט געביין!
– – –
לאָז, כ׳וועל דיר ס׳בלוט פֿון מויל אָפּווישן –
צו האַרט האָסטו פֿאַרקלעמט די ציין.

Three Little Stars

Three little stars
flicker over my poem —
a sign
that even if you don't like
this poem of mine,
it doesn't mean all is over —
the stars in the sky
they'll shine on as ever.

As ever, the Milky Way
kneels for no one
and that is clearly better
than yet another poem!

I set these three little stars
aside for you here
and grope in the dark
for my one and only path.

דרײַ שטערנדלעך

ס'פֿינקלען דרײַ שטערנדלעך
איבער מײַן ליד –
אַ צייכן,
אַז טאָמער געפֿעלט עס אײַך ניט,
דאָס ליד מײַנס,
ניט מיינט שוין אַז אַלץ איז פֿאַרענדיקט –
די שטערן אין הימל
זיי שײַנען װי שטענדיק,

װי שטענדיק, דער מילכװעג
פֿאַר קיינעם ניט קניט
און דאָס איז דאָך בילכער
פֿון יעטװידער ליד!

דרײַ שטערנדלעך שטעל איך
פֿאַר אײַך דאָ אַװעק
און טאַפּ אין דער פֿינצטער
מײַן איינציקן שטעג.

87

If I Were in Alabama…

I would go to Birmingham,
making my way through the midst —
Now I must be a Black man,
it's not enough that I am a Jew!

Fury tempered on the tongue,
I have tasted more than once —
Even today with butcher's knife, poison, and flame
death still searches for me any place.

But my stride is unbroken,
with furious hatred I spit
on racism,
on the Ku Klux Klan
and I rise, faithful, in brotherhood

With white and with Black
against death — Never again!
Time will not be turned back,
to when people kneeled before animals!

If I were now in Alabama
in the pure commotion of the fight,
I would make a way, like a lightning bolt,
through to you, my Black friend.

My skin is white —
And yours — is dark,
but before you, brother,
open is my heart.

So fist is with fist,
as is — limb with limb.
One breath between us,
one anguish, one light —
It's not enough that I am a Jew,
I must be a Black man too!

ווען איך וואָלט אין אַלאַבאַמאַ זײַן...

קיין בירמינגעם וואָלט איך אַרײַן,
אַרײַנגעשניטן זיך אין מיט –
איך מוז אַצינד אַ נעגער זײַן,
ס׳איז ווייניק מיר, וואָס כ׳בין אַ ייִד!

רציחה טעמפּע אויפֿן טעם
כ׳האָט אויך ניט איין מאָל שוין פֿאַרזוכט, –
ביז הײַנט מיט חלף, גיפֿט און פֿלאַם
דער טויט נאָך ערגעץ ווו מיך זוכט.

נאָר ניט געבראָכן איז מײַן שפּאַן,
מיט צאָרנדיקן האַס איך שפּײַ
אויף ראַסנהאַס,
אויף קו־קלוקס־קלאַן
און כ׳שטעל זיך ברודעריש געטרײַ

מיט שוואַרצע און מיט װײַסע לײַט
דעם טויט אַנטקעגן: – קיין מאָל ניט!
ניט אומגעקערט וועט זײַן די צײַט,
ווען מענטש פֿאַר חיה האָט געקניט!

אין אַלאַבאַמאַ – ווען כ׳בין איצט –
אין סאַמע קאָך פֿון דעם געשלעג,
כ׳וואָלט דורכגעבראָכן, ווי אַ בליץ,
צו דיר, מײַן נעגער־פֿרײַנד, אַ וועג.

מײַן הויט איז װײַס
און דײַנע – שוואַרץ,
נאָר אָפֿן, ברודער,
איז פֿאַר דיר מײַן האַרץ.

איז פֿויסט צו פֿויסט,
איז – גליד צו גליד.
איין לופֿט בײַ אונדז,
איין פּײַן, איין שײַן –
ס׳איז ווייניק מיר וואָס כ׳בין אַ ייִד,
איך מוז נאָך אויך אַ נעגער זײַן!

No One Has Wept in a Long Time…

No one has wept in a long time,
for a long time no one has made a sound.
And I demand no weeping,
when today, once again, I say:

Homes in ruins, graves on the roads,
whoever wants to forget you — should find no rest,
may the sweetest crumb lodge within his throat,
may stones weigh on his heart, on his wounds — salt.
May those who were murdered surround him, covered in blood,
for the grass gleams, for the stars rustle,
for even as children grow
death is yet again
stealing stubbornly
along the fuse to the bomb.

Fuses are burning to blow up the world
with one bleak hope: that we lose our memory.

Never forget! Never forget!
In the heart the past, like gunpowder in its casks.
Your wounds are closed by now? — The monster,
                              the monster is on the march.
Nothing has vanished!
Beware, brother, beware!

90

קיינער וויינט שוין לאַנג ניט...

קיינער וויינט שוין לאַנג ניט,
קיינער לאַנג שוין קלאָגט.
און קיין געוויין כ'פֿאַרלאַנג ניט,
ווען הײַנט אויף ס'נײַ איך זאָג:

קבֿרים אויף די וועגן, היימען אין רויִנען,
ווער ס'וויל אײַך פֿאַרגעסן – זאָל קיין רו געפֿינען,
זאָל דער בעסטער ביסן בלײַבן אים אין האַלדז,
שטיינער אויפֿן האַרצן אים, אויף די ווונדן – זאַלץ.
זאָלן אים אַרומרינגלען פֿאַרבלוטיקטע די קדושים,
ווײַל די גראָזן שײַנען, ווײַל די שטערן רוישן,
ווײַל די קינדער וואַקסן
און צו דעם ביקפֿאָרדקנויט
גנבֿעט זיך פֿאַרעקשנט
ווידער שוין דער טויט.

ס'גנבֿענען זיך צינדער אויפֿרײַסן די וועלט
מיט איין וויסטער האָפֿענונג: זכּרון אונדז פֿאַרפֿעלט.

קיין מאָל ניט פֿאַרגעסן! קיין מאָל ניט פֿאַרגעסן!
אין האַרצן די פֿאַרגאַנגענהייט, ווי פּולווער אין די פֿעסער.
פֿאַרצויגן שוין די ווונדן? – ס'גייט אום,
ס'גייט אום דער אַכזר.
ס'איז גאָרניט ניט פֿאַרשווונדן!
וואַך זײַ, ברודער, וואַך זײַ!

Ukraine

...———...

Ukraine, Ukraine — my cradle-country
Ukraine, my love, my longing, age-old enmity.

I want to cast you from my heart —
toss you to dogs, why then
can I still be bewitched by the *kobza*,
as if it were David's harp?

Quiet already, blind destiny,
I beg you, I have my own anxiety.
All these songs of Gonta —
Gonta would slice my throat!

You're shackled and your chains
beat my bones black and blue,
but when you pull free for a while —
your knife begins to sparkle!

Ukraine, Ukraine, Ukraine my cradleland.
tender and gentle your blue sky above my dawn.

I am far away from my Podolia
lost in the world,
but your dense rye
murmurs behind my back.

And your quiet grass
slakes my lips of thirst,
as if I could forget it is
soaked with my own blood.

Ukraine, Ukraine, oh, sweet singing,
may my children's children never know this longing.

Yes, the love and longing
and age-old enmity.
Ukraine, Ukraine, Ukraine,
my step-country.

The kobza *is a Ukrainian lute. Ivan Gonta was an eighteenth-century Ukrainian rebel with a complicated legacy. Widely seen by Ukrainians as a hero, he is considered responsible for slaughtering thousands of Jews, Poles, and other groups.*

אוקראַיִנע

אוקראַיִנע, אוקראַיִנע –וויגלאַנד אוקראַיִנע,
בענקשאַפֿט מײַנע, ליבשאַפֿט מײַנע, דורותדיקע שׂינאה.

כ׳וויל דיך אויספּליקן פֿון האַרצן –
פֿאַר די כּלבֿים וואַרפֿן,
וואָס זשע כּישופֿט מיך די קאָבזע,
גלײַך ווי דודס האַרפֿע?

שווײַג שוין, בעט איך, בלינדע דאָליע,
כ׳האָב זיך מײַנע זאָרגן.
די געזאַנגען וועגן גאָנטען –
גאָנטע וויל מײַן גאָרגל!

ביסט פֿאַרקאָוועט און די קייטן
מײַנע ביינער דרעשן,
נאָר באַפֿרײַ דיך אויף אַ ווײַלע –
פֿינקלט אויף דײַן מעסער!

אוקראַיִנע, אוקראַיִנע, וויגלאַנד אוקראַיִנע,
מילד און ווייך דײַן בלויער הימל איבער מײַן באַגינען.

ווײַט בין איך פֿון מײַן פֿאַדאָליע
אין דער וועלט פֿאַרלאָרן,
נאָר סע רוישט הינטער די פלייצעס
דײַן געדיכטער קאָרן,

און סע לעשן מײַנע ליפּן
דײַנע שטילע גראָזן,
כ׳זאָל פֿאַרגעסן ווי זיי זענען
מיט מײַן בלוט פֿאַרגאָסן.

אוקראַיִנע, אוקראַיִנע, אוי, געזאַנגען זיסע,
זאָלן מײַנע קינדסקינדער די בענקשאַפֿט מער ניט וויסן.

יאָ, די בענקשאַפֿט און די ליבשאַפֿט
און די דורותדיקע שׂינאה.
אוקראַיִנע, אוקראַיִנע –
שטיפֿלאַנד אוקראַיִנע.

Khanike Eve

...———...

Today,
on the first night of *Khanike*
to myself I say:
First complete the holy
service of a simple Shabbos goy —

Today,
one by one I slake
the calling flames
of beckoning city,
of precious place...

A breath
blows out
the palm trees of Palermo.
And the embroidered, marble castles
of the Venetian canals
flicker out like so...

And a breath
stills the ripples of the Seine,
Paris sinks into darkness
with all her gloried boulevards,
squares, brothels,
monuments.

A breath —
and "Golden Prague" flickers out —
the synagogues of the old city
circled by Gothic churches.
The Prado of Madrid vanishes,
may my hand wither twice over,
sweet God, if you ever find me there!

ערבֿ חנוכּה

הײַנט,
ערבֿ חנוכּה,
איך זאָג צו זיך אַזוי:
צו ערשט כ׳וועל טאָן
די הייליקע עבֿודה
פֿון אַ פּראָסטן שבת־גוי –

הײַנט,
כ׳לעש איינציקווײַז
די רופֿנדיקע פֿײַערן
פֿון רייצנדיקע שטעט,
פֿון פּלעצער טײַערע...

אַ בלאָז –
און ס׳לעשן זיך
די פּאַלמען פֿון פּאַלערמאָ
און מירמל־אויסגעהעפּטע שלעסער
אין די קאַנאַלן פֿון ווענעדיק
זיך פֿאַרלעשן...

אַ בלאָז –
און ס׳גליווערן אין סענאַ־טײַך די װעלן,
ס׳פֿאַרזינקט אין פֿינצטערניש פּאַריז
מיט אַלע אירע רומפֿולע
בולוואַרן, פּלעצער, דענקמעלער,
באָרדעלן.

אַ בלאָז –
און ס׳ווערט פֿאַרלאָשן „זלאַטאַ פּראַגאַ״, –
די קלויז פֿון אַלטשטאָט
אינעם קרײַז פֿון קלויסטערס גאָטישע,
ס׳פֿאַרשווינדט מאַדרידער פּראַדאָ,
וואָס אָפּדאַרן זאָל צוויי מאָל מיר די האַנט,
אויב כ׳וועל אַהין צו קומען, גאָטעניו!

And now onto the last bit of flickering flame,
together with my age-old pain —
I extinguish the Greek Acropolis,
I extinguish the Roman Colosseum.

And also the beaming ruby stars —
though I have already allowed my hands to fall —
I blow them out! And paler, paler, paler grow
these looming, blood-red walls.

And only the Valdai bells
are still ringing sadly somewhere
accompanying the last pyres,
engulfed by the white distance...

And that is all!
Now I light
the first candle of the eight,
which with all my might
I will bless tonight.

Note: Valdai bells are associated with the Russian town of Valdai. Various legends surround their origin.

און ביז צו לעצטן פּלעמל־טראָפּן,
צוזאַמען מיט מײַן דורותדיקן ווײ –
כ׳לעש אויס דעם גריכישן אַקראָפּאָל,
כ׳פֿאַרלעש דעם רוימער קאָליזײ

און אויך די שטראַליקע רובינען־שטערן, –
כאָטש ס׳לאָזן זיך דערבײַ אַראָפּ די הענט, –
כ׳פֿאַרלעש! און בלאַסער, בלאַסער, בלאַסער ווערן
די נאָענטע, די בלוטיק־רויטע ווענט,

און בלויז די גלעקעלעך וואָלדאַיער
נאָך ערגעץ ווו פֿאַראומערט קלינגען
באַגלייטנדיק דעם לעצטן שײַטער־פֿײַער,
וואָס ווײַסע ווײַטקייטן פֿאַרשלינגען...

און אַלץ!
אַצינד כ׳צינד אָן
דאָס ערשטע ליכטל פֿון די אַכט,
וואָס פֿאָרכטיק בענטשן
וועל איך הײַנט פֿאַר נאַכט.

From All Distances

From all formidable,
terrible distances,
they have come running:
  north,
    south,
      east,
        west...
And there is now no place
in which to stretch
out my hand to bless — —
Border to border
like wall to wall —
I — in the middle
as if in a cell — —
Oh, how just and powerful
is the longing of my heart —
fenced in by all.
From this whole spacious land
they have come running:
  south,
    north,
      west,
        east!

1970

פֿון אַל די ווײַט

פֿון אַזעלכע מוראדיקע,
שרעקנדיקע שטרעקעס,
זײַנען זיך צונויפֿגעלאָפֿן –
מערבֿ,
מיזרח,
צפֿון,
דרום...
און קיין פלאַץ ניטאָ שוין
אויסצושטרעקן
מײַן בענטשנדיקן אָרעם – –
ראַנד אַנטקעגן ראַנד,
ווי וואַנט אַנטקעגן וואַנט,
איך – אין מיט,
ווי זײַן וואָלט איך אין קאַרצער – –
אָ, ווי מעכטיק און גערעכטיק
איז די בענקשאַפֿט פֿון מײַן האַרצן,
צוימען זי –
פֿון גאָר דעם רחבֿותדיקן לאַנד
זײַנען זיך צונויפֿגעלאָפֿן
מיזרח,
מערבֿ,
דרום
צפֿון!

1970

The First Seven Years

Poems Written in Israel

1971–1978

From Cradleland to Homeland

... ———————— ...

From cradleland to homeland —
the incision still smarts...
Who could think that song
could be made up on the spot?

The anointed syllables
in suffering purified,
they're dripping like blood
from divided light.

They have clearly tasted
fire on their tongues.
From a bird's cage to a thin branch —
my stuttering tribe.

From birdcage to fragile branch,
from fractures to essence
from fetters and from longing
to wings waving
over the endless heavens
of a small tender land,
that rests like a beating heart
in your hand.

פֿון וויגלאַנד צו היימלאַנד

פֿון וויגלאַנד צו היימלאַנד –
ס׳טוט ווײ נאָך דער שניט...
ווער מיינט אַז געזאַנג
פֿון די אַרבל זיך שיט?

די זילבן געזאַלבטע
געטובֿלט אין פּײַן,
זײ טריפֿן ווי בלוט
פֿון צעשניטענער שײַן.

זײ האָבן דאָך פֿײַער
געפּרוּווט אויפֿן טעם.
פֿון שטײַגל צום צווײַגל –
מײַן שטאַמלענדער שטאַם.

פֿון שטײַגל צום צווײַגל,
פֿון בראָך ביז צום תּוך
פֿון פּענט און פֿון בענקשאַפֿט
ביז פֿליגל־געפֿאָך
אויף ראַנדלאָזע הימלען
פֿון קלייניקן לאַנד,
וואָס ליגט ווי אַ לעבעדיק האַרץ
אויף דײַן האַנט.

At the Western Wall

...————...

The road to you —
as if barefoot over jutting stones
and behind me — so many distant places
scattered in ashes
and stone upon stone
from fallen walls,
the wail of walls tumbling down...

Behind shoulders frozen stiff:
A stone in the road,
I sit upon the stone
alone as a stone...
At this moment I am close to you
with a child's face
nestled
in your maternal tenderness,
I am at the wall
that shines through eternity
and I draw comfort out of sadness
for my descendants.

בײַם
כּוסל
...————...

דער וועג צו דיר –
ווי באָרוועס איבער שטאַרצנדיקע שטיינער
און הינטער מיר – אַזוי פּיל ווײַטקייטן
צעאַשטע
און שטיין אויף שטיין
פֿון ווענט געפֿאַלענע,
געקראַכטע ווענט געוויין...

הינטער פֿאַרשטאַרטע פּלייצעס:
אויפֿן וועג אַ שטיין,
זיץ איך אויפֿן שטיין
עלנט ווי אַ שטיין...
אַצינד כ׳בין נעבן דיר
מיט קינדערש פּנים
אײַנגעגראָבן
אין דײַן מוטערלעכער ווייכקייט,
כ׳בין בײַ דער וואַנט
וואָס ליכטיקט אין דער אייביקייט
און טרויער אויס די טרייסט
פֿאַר מײַנע קינדסקינדער.

Old-Fashioned...

I am old-fashioned like the great sky,
that shines forth after a sudden storm,
with smiling compassion for the satellites
storming over its infinite heart.

I am old-fashioned like the thinnest blade of grass,
that breaks through and grows green in asphalt,
that withers and shrivels and again recovers
with every drop of rain that falls.

I am just as old-fashioned as the newly born,
and as the murdered Jews of my generation were,
they who, in memory, become ever younger
the angrier the frost grows in my hair —
— — — — — —
I am old-fashioned!

אַלטמאָדיש...

אַלטמאָדיש בין איך ווי דער גרויסער הימל,
וואָס ליכטיקט זיך פֿון וואָלקן־בראָך אַרויס
מיט שמייכלענדיקן מיטלײַד צום געווימל
פֿון סאַטעליטן אויף זײַן אינסופֿיקער שויס.

אַלטמאָדיש בין איך ווי דאָס מינדסטע גרעזל,
וואָס פּיקט זיך דורך און גרינט בײַ דעם אַספֿאַלט,
וואָס דאַרט און קוואַרט און ווידער ווערט געגעזן
מיט יעדער טראָפּן וואָס פֿון הימל פֿאַלט.

אַלטמאָדיש בין איך גלײַך ווי ערשט געבאָרן
און ווי געוועזן זײַנען די קדושים פֿון מײַן דור,
וואָס ייִנגערן אַלץ מער זיך אין זכּרון
וואָס בייזער ס'ווערט דער פֿראָסט אויף מײַנע האָר –
– – – – – – – – –
אַלטמאָדיש בין איך!

The Sea

... ———— ...

Today the sea has a mother's gentleness,
it surrounds you and rocks you to sleep
with good, old-fashioned lullabies
that now seldom return
to our dazed century,
drunk on blood and oil.

Today the sea is still and bewildered
as if just emerged from Creation,
from between those divine fingertips,
from which the dew still drips
and bright rings are multiplying
over the blue just born.

דער ים

דער ים איז הײַנט מילד ווי אַ מאַמע,
ער נעמט דיך אַרום און פֿאַרוויגט
מיט גוטע אַלטמאָדישע גראַמען
וואָס קומען שוין זעלטן צוריק
צו אונדזער צעדולטן יאָרהונדערט,
פֿאַרשיכּורט פֿון בלוט און פֿון נאַפֿט.

דער ים איז הײַנט שטיל און פֿאַרוווּנדערט
ווי נאָר וואָס אַרויס פֿון באַשאַף
פֿון צווישן די געטלעכע פֿינגער,
פֿון וועלכע סע טריפֿט נאָך דער טוי
און ס'מערן זיך זוניקע רינגען
אויף נאָר וואָס געבוירענעם בלוי.

Epigrammatics

Short, often humorous poems of Kerler's later books

As for Writing...

As for writing, he can truly
write quite well,
but one thing sickens me:
from time to time
he offers himself
a pat on the back...

שרײַבן שרײַבט ער...

שרײַבן שרײַבט ער טאַקע
זייער שיין,
נאָר איינס מיך עקלט:
פֿון צײַט צו צײַט
דערלאַנגט ער זיך אַליין
אַ קניפּ אין בעקל...

At the Moscow Peace Conference

Will peace arrive — no one knows,
but people will fight for peace with all their might!
Naturally, in that very fight —
more than one will lose his life...

And, God forbid, it may come to be — after the fight has ceased
no one will be left to hold forth about peace.

אין מאָסקווער שלום־קאָמיטעט

צי זײַן וועט שלום – ווייסט נישט קיינער,
נאָר קעמפֿן וועט מען פֿאַרן שלום זייער שטאַרק!
נאַטירלעך, וועט אין אָט דעם קאַמף – נישט איינער
צעברעכן זיך דעם קאַרק...

און ס׳קאָן, חלילה, מאַכן זיך – נאָך אַלע קעמפֿערײַען,
נישט בלײַבן זאָל מיט וועמען וועגן שלום ברײַען.

For the "Poem About Nothing"

The poet of nothing
is nothing's fool:
He knows that his nothing
is no nothing at all —
There is another nothing
singing his praises for nothing.

צום
„ליד וועגן
גאָרנישט"

דער דיכטער פֿון גאָרנישט
איז גאָר נישט קיין נאַר:
ער ווייסט אַז זײַן גאָרנישט
איז גאָר נישט קיין גאָרנישט –
ס׳איז דאָ נאָך אַ גאָרנישט
וואָס לויבט אים דערפֿאַר.

Immortality

... —————————— ...

My friend, why have you been so haughty?
All that remains from greatness is clay shards on the dead,
and above all eternities, it seems to me,
only death — is undying.

אומשטערבלעכקייט

צו וואָס האָסטו געבלאָזן זיך, מײַן פֿרײַנט?
פֿון אַלע גרויסקייטן פֿאַרבלײַבן שערבלעך
און איבער אַלע אייביקייטן, ווי מיר שײַנט,
איז נאָר די שטאַרביקייט – אומשטערבלעך.

The Decent Man...

The decent man of word and deed,
has at last found his place of rest.
May it suit him there,
though here nothing comes easy:
Even today his word and deed,
are fighting to the death.

דער מענטש...

דער מענטש פֿון וואָרט און טאַט
האָט ענדלעך זיך באַרוט.
זאָל זײַן אים דאָרטן גוט,
כאָטש דאָ איז גאָרניט גלאַט:
ביז הײַנט זײַן וואָרט און טאַט,
זיי קריגן זיך ביז בלוט.

Epitaph

...———...

When still alive
he attained eternity for himself,
a shame, that after death,
he died
for all eternity...

עפּיטאַפֿיע

..._____...

בײַם לעבן נאָך
האָט ער זיך אייביקייט דערוואָרבן,
אַ שאָד, וואָס נאָכן טויט
איז ער אויף אייביק שוין
געשטאָרבן...

My Epitaph

All things are full of weariness — Ecclesiastes

My epitaph is a wild plant that grows
in the kingdom of sadness and regret —
A smile slinks past like a fox
and is lost among gray stones.

Here human weeping comes to stop
in muteness, which lasts an eternity,
and my smile stands aside on its own
when all words, all words have grown weary.

מײַן עפּיטאַפֿיע

כּל־הדברים יגעים...

מײַן עפּיטאַפֿיע איז אַ ווילד געוויקס
אין קעניגרײַך פֿון טרויער און באַדויער –
אַ שמייכל שלײַכט פֿאַרבײַ זיך ווי אַ פֿוקס
און ווערט פֿאַרפֿאַלן צווישן שטיינער גרויע.

דאָ שלאָגט זיך אָפּ דאָס מענטשלעכע געוויין
אין שטומקייט, וואָס אַן אייביקייט זיך ציט
און פֿון דער זײַט מײַן שמייכל בלײַבט אַליין
ווען אַלע ווערטער, אַלע ווערטער ווערן מיד.

Heaven Above/*Himlshaft*

1986

Ma Nishma?

···────────────────···

— *Ma nishma?*
— I'm doing well,
with the butter side down.
— *Ma nishma,*
ma nishma?
— Certainly not sweet,
but I've not lost my mind
in this mad mishmash
and I've not lost the ground
underneath my feet.

In the world's
mad medley
I am tiny,
but in the heart of the blue above —
all throughout heaven and sky —
when every pebble and stone
shines, when it beams,
I am great,
I am great —
I will hold my own!

מה נשמע?

– מה נשמע?
– ס'גייט מיר גוט
מיט דער פּוטער אַראָפּ.
– מה נשמע,
מה נשמע?
– ס'איז אַוודאי ניט זיס,
נאָר כ'פֿאַרליר ניט דעם קאָפּ
אין דעם דולן מישמאַש
און די ערד ניט פֿאַרליר איך
פֿון אונטער די פֿיס.

אין דעם דולן מישמאַש
פֿון דער וועלט
בין איך קליין,
נאָר אין בלוישאַפֿטן־שויס –
הימל־אײַן, הימל־אויס,
ווען עס העלט, ווען עס קוועלט
יעדער שטיינדל און שטיין
בין איך גרויס,
בין איך גרויס –
כ'וועל מײַן שטעטל באַשטיין!

Well, How Long Can This Go On...

— Well, how long can this go on:
with every newborn poem
you yourself are born once more,
with every new poem — you yourself?

— Myself!

— Well then who can endure
so much pain,
who can hold within
such great lament —
The cold starlight?
A mute stone?

— I'm telling you, fool —
I can.

נו, וויפֿל קען עס דען אַזוי געדויערן...

– נו, וויפֿל קען עס דען אַזוי געדויערן:
מיט יעדער נײַ־געבוירן ליד
דו ווערסט אַליין אויף ס'נײַ געבוירן,
מיט יעדער נײַער ליד – אַליין?

– אַליין!

– טאָ ווער זשע קען עס אויסהאַלטן
אַזוי פֿיל פּײַן,
טאָ ווער זשע קען עס אײַנהאַלטן
אַזאַ מין גרויס געוויין –
די קאַלטע שטערנשײַן?
אַ שטומער שטיין?

– איך זאָג דאָך, שוטה איינער, –
איך אַליין.

Almond Trees Blossom...

Almond trees blossom
as if they might take flight
over my bones,
almond-trees exude fragrance
as if they might exhort them
to outlast stones.

Almond trees,
almond trees,
bloom so bright:
May all wanderer's homes
together take flight!

מאַנדל־ביימער בליִען...

מאַנדל־ביימער בליִען,
גלײַך זיי וואָלטן פֿליִען
איבער מײַנע ביינער,
מאַנדל־ביימער דופֿטן,
גלײַך זיי וואָלטן רופֿן
איבערלעבן שטיינער

מאַנדל־ביימער,
מאַנדל־ביימער
אַזוי ליכטיק בליִען:
זאָלן אַלע וואַנדער־היימען
זיך צוזאַמענפֿליִען!

The Little
Things

... ——————————— ...

The little things —
the trifling, little things,
they couldn't care in the least
that my strengths are hardly weak.

The dust and dregs
they go out plundering
and not just by night,
when mute skies go dark
and not in the jungle's
thicket,
but in the clear light of day,
when every step is full
of joy and import,
when every breath feels free,
and life seems worth the effort — —
— — — — — — — — — — — —

For anyone not hiding,
for anyone exposed
the murderous little things
catch us by the throat — —
— — — — — — — — — — —

Don't give up,
for they themselves will choke,
those little things!

קלייניקייטן

די קלייניקייטן, –
די פּיצלעך קליינע זאַכן,
זיי רעכענען זיך ווייניק־וואָס
מיט מײַנע כּוחות גאָר ניט שוואַכע

דער שטויב־און־דרויב
ער גייט אַרויס אויף רויב
און דווקא ניט באַנאַכט,
ווען שטומע הימלען טונקלען
און ניט אין דער געדיכטעניש
פֿון דזשונגל,
נאָר אין דעם ליכט פֿון העלן טאָג,
ווען יעדער טראָט איז פֿול
מיט פֿרייד און וואָג
ווען פֿרײַ דער אָטעם איז
און לעבן איז כּדאַי – –
– – – – – – –
פֿאַר קיינעם אין געהיים,
פֿאַר מענטשן ניט פֿאַרבאָרגן
די רוצחים־קלייניקייטן
כאַפּן בײַ דעם גאָרגל, – –
– – – – – – – –
נישט אונטערגעבן זיך,
אַז ווערן זאָלן זיי אַליין דערוואָרגן,
די קלייניקייטן!

Jewish
Children...

Jewish children
are playing,
breathing,
living and dreaming
in English,
in Russian,
in French,
even — in German,
Jewish children...
— Jewish?
— Possibly...
I pray in Yiddish:
— God willing!

ייִדישע קינדער...

ייִדישע קינדער
שפּילן זיך,
אָטעמען,
לעבן און חלומען
ענגליש,
רוסיש,
פֿראַנצויזיש,
אַפֿילו – אויף דײַטש,
ייִדישע קינדער...
– ייִדישע?
– אפֿשר...
כ'טו תּפֿילה אויף ייִדיש:
– גיב גאָט!

Praise the Lord, We Have Now Passed...

Praise the lord,
we have now passed
the seven years of plenty — —

Years —
full of novel joy,
of astonishing
bitterness and grief,
with the sweet weight
of painful birth and rebirth
on hard ground
rife with stones.

Years —
full of painful losses,
that will not subside
even when
we ourselves depart...

Now,
with all the best,
the granaries stocked,
we have bled out all our right
to be right — —

God forbid, should something go awry,
we are restlessly resting,
like the pitiless silence,
that keeps one eye
open
to the first signs of storm.

מיר זײַנען, ברוך השם, אַריבער שוין...

מיר זײַנען, ברוך השם,
אַריבער שוין
די זיבן פֿעטע יאָר – –

יאָרן, –
זאַט מיט חידושדיקער פֿרייד,
מיט שטוינענדיקער
ביטערניש און צער,
מיט זיסער לאַסט
פֿון ווייגעבורט אוןווידערוווּקס
אויף האַרטע גרונטן
פֿעלדזיקע.

יאָרן, –
פֿול מיט פּײַנפֿולע פֿאַרלוסטן,
וואָס וועלן נישט פֿאַרגיין
אויך דאַן,
ווען מיר אליין וועלן אַוועק...

אַצינד,
מיט אַל דאָס גוטס
די שפּײַכלערס אָנגעשטאָפּט,
מיר האָבן אויסגעבלוטיקט
אונדזער רעכט צו זײַן גערעכט –

חלילה, עפּעס וואָס,
מיר זײַנען אומרו־רויִק
ווי די שטילקייט גרויזאַמע,
וואָס האַלט אַן אויג
אַ וואַכס
צום ערשטן שטורעם־צייכן.

So Long as One Is Healthy…
1991

At Babi Yar

Don't remain here, brother,
face to face
with only yourself,
lest tears gush forth
from all those who, before death,
had no tears to shed.

Brother, toward people,
you should go,
into the thicket
of the human whirlpool.

Then at least one person, among thousands,
will perhaps hear
the strangled weeping
of mothers and of children,
when the grass
was bathed in fresh dew,
those prayers that never reached
the heavens,
which at that moment shone
so gentle and so blue.

First written in Kiev, 1949
Finished in Jerusalem, 1991

בײַם באַבי יאַר

פֿאַרבלײַב ניט ברודער,
אויג אויף אויג
מיט זיך אַליין,
ווײַל ס'קען פֿון דיר
אַ שפּאַר טאָן דאָס געוויין
פֿון אַלע די, וואָס האָבן פֿאַרן טויט
קיין טרערן ניט געהאַט.

צו מענטשן, ברודער,
זאָלסטו גיין,
אין דער געדיכטעניש
פֿון מענטשלעכן געווימל.

אפֿשר כאָטש צו איינעם צווישן טויזנט
וועט דערגיין
פֿון מאַמעס און פֿון קינדער
דאָס דערוואָרגענע געוויין,
ווען ס'האָט דאָס גראָז
געבאָדן זיך אין פֿרישן טוי,
די תּפֿילות ניט דערגרייכטע
צו דעם הימל,
וואָס האָט זיך דאַן געליכטיקט
אַזוי מילד און בלוי.

קיִעוו 1949, ירושלים 1991

No Time Like the Present

Posthumous and Selected Poems 2005

The World

Beautiful as the world
is the world indeed,
just as full as the pomegranate —
Not even the littlest seed
of beauty is missing.

And the deepest silence
never quiets for a moment,
for the bud on the branch
blooms in brightness
with its pure song,
you win back anew
the years lost to you,
and your almighty gratitude
to the Creator is borne:

Father in heaven,
should someone try
to thrash me into pieces,
I will also not fail
to wrap joy around me
like the white, dewy buds
on the branch of the crooked almond tree
and even with my last breath
there will flash forth like a spring
my loyal love for this vibrant world here.

March 1997

די וועלט

די וועלט
טאַקע שיין ווי די וועלט
איז די וועלט,
אַזוי פֿול ווי דער מילגרוים –
קיין טראָפּנדל שיינקייט
ניט פֿעלט.

און די שטילקייט די טיפֿסטע
קיין ווײַלע ניט שווײַגט
ווײַל ס'בליט אַזוי ליכטיק
דער צוויט אויף דער צווײַג
און איר לויטער געזאַנג,
אַז די יאָרן פֿאַרשפּילטע
געווינסטו אויפֿסנײַ
און סע טראָגט זיך אַלמעכטיק
צום בורא דײַן דאַנק:

טאַטע־פֿאָטער,
זאָל אימיצער פּרוּוון מיך שנײַדן
אויף שטיקלעך,
וועל איך אויך ניט פֿאַרפֿעלן
מיט פֿרייד זיך צו וויקלען
ווי די ווײַסינקע, פֿײַכטלעכע בלימעלעך
אויף דעם קרומלעכן מאַנדל־בוים־שטאַם
און אפֿילו צוזאַמען מיט מײַן לעצטן אָטעם
וועט אויפֿבליצן צעקוועלט מײַן טרײַע ליבשאַפֿט
צו דער לעבעדיקער דאָ־וועלט.

מערץ 1997

Acknowledgements

First, I must acknowledge professor and poet Dov-Ber Kerler, who not only trusted me with his father's work but whose presence in the Yiddish world today inspired my curiosity about it. Dov-Ber offered priceless insight into these poems, as not only the poet's son but a poet himself and one of the foremost experts on Yiddish in our time.

Second, thanks are due to my dear friend and colleague Shane Baker, who was always willing to offer his take on translation dilemmas, and who read countless drafts of these translations, though there was nothing in it for him other than reading pleasure. Harry Bochner was similarly generous with his expertise and time.

I offer my gratitude to Madeleine Cohen, David Mazower, Lisa Newman, and the Yiddish Book Center for supporting this project from nearly the beginning, as well as to my mentors in the Translation Fellowship program: Bill Johnston, Katherine Silver, Becka Mara McKay, and Katrine Øgaard Jensen. I am equally grateful to my fellow translation fellows—Miriam Udel, Matthew Brittingham, Julian Levinson, William Gertz Runyan, Julia Fermentto Tzaisler, Vivi Lachs, Caraid O'Brien, Miranda Cooper, and Zeke Levine— for their takes on early drafts of these translations.

I would also like to offer my thanks to the National Endowment for the Arts, the American Literary Translators Association, and the Fulbright commissions of Spain and Greece for their general support of my work, if not for this project specifically. Building and maintaining a career as a creative writer and literary translator requires, as James Baldwin once said, endurance, and I do not take for granted the past mentors still taking the time to support my work, particularly Phillip Lopate, Bret Anthony Johnston, and Sanford Kaye. I have also not forgotten the Vilnius Yiddish Institute and the teachers I had there, without whom my knowledge of Yiddish, and thus my abilities as a translator, would be poorer.

I offer thanks to my family for their support and for giving me my first connection to Yiddish, to O. Berk Usta for his penchant for proclaiming me his favorite poet, and to all the other friends not already named above.

Lastly, I would like to express my gratitude to Yosef Kerler for having the fortitude to produce this poetry, in virtually unbearable conditions, other Yiddish writers being murdered around him.